名探偵コナンDETECTIVE CONANと伸ばす

考える力！

低学年

画／ **青山　剛昌**

監修／ **黒上　晴夫**
関西大学総合情報学部教授

著／ **小島　亜華里**
関西大学総合情報学部非常勤講師

企画協力／ 小学館集英社プロダクション

小学館

「思考ツール」で、考える力を伸ばす

関西大学総合情報学部教授　　黒上 晴夫

考える力

　この10年ぐらいで、考える力を育てることへの関心が、とても高まってきました。考える力とは、何を指すのでしょうか。今、大事にされているのは、次のようなことだと言えるでしょう。

- 見たこと、経験したことや、知っていることを整理して、自分の意見を持つことができる。
- 問いかけに対して、自分の意見をつくって伝えることができる。
- 自分の意見を、わけを示しながら筋道立てて伝えることができる。
- 自分の意見に対して、別の見方がないか、見落としはないかを検討して、補強することができる。

　どれにも「自分の」ということばが入っていることに、気づかれたでしょうか。「考える力」は、正解を言い当てることではなくて、自分なりの見方をつかって、自分なりの意見を明確にすることです。

　刑事にも見抜けない事件の真相を、次々解き明かす名探偵コナン。本当は高校生だといっても、その観察眼と推理力はすごすぎます。どうすれば、コナンのように「考える」力を身につけることができるのでしょうか。まずは2つのことからはじめてみましょう。

　まず、ものごとをよく見ること。そして、気づいたことから、自分なりの意見をつくり出すことです。ものごとをよく見るというのは、ぼんやりしたことに、輪郭を与えることです。そのために、いろいろな視点から見たり、変化を意識したり、共通点や相違点を切り分けたりすることによって、気づきを生み出します。そして、気づいたことを整理して、つじつまがあうように組み立てていくことで、自分なりの意見が生まれます。これを鍛えていけば、いつかコナンのように「考える力」を、身につけることができるかもしれません。

ぼんやりしたことを、可視化する

　作文を書くのが苦手な子どもは、たくさんいます。そのような子を助けるために、何をするとよいでしょうか。よくやるのは、書く内容を箇条書きにさせることです。一度書き出して、選んだり、捨てたり、順序を入れ替えたりしてから、作文を書くようにします。そうすると、筋の通った作文が書けます。頭の中で考えているだけでは、限られた内容しか思いつかなかったり、全体が見通しにくかったりします。そこで、テーマに対して、どんな内容を書けるか、思いつくだけ書き出します。このことを、「可視化」と呼んでいます。漠然と見えていること、頭の中にあってぼんやり思い描いていることを書き出すことによって、はっきり見えるようにするのです。これを助けてくれるのが、「思考ツール」です。

大事なのは、思考ツールを使った後

　運動会についての作文を書くとしましょう。書く内容を、たとえば「うれしかったこと」と、「ざんねんだったこと」の2つの視点から箇条書きにしたらどうなるでしょうか。作文には、両方の思い出が書かれます。

　ざんねんだったことには、「来年はがんばろう」というような決意がついてくるかもしれません。このように、書き出すときの視点を設定するなど、箇条書きに少しアレンジを加える道具が、「思考ツール」です。

　例えば、数学で習うベン図は、比較をするために便利なツールです。では、りんごとみかんを比較してみましょう。下図のようになると思います。円の重なったところは、両方にあてはまることです。

　大事なのは、ベン図を作った後です。りんごとみかんについて、発表したり作文を書いたりします。そのとき、次のようなことに触れることになるでしょう。

・りんごとみかんのそれぞれの特徴
・両方にあてはまる特徴
・比べてわかったことや思ったこと

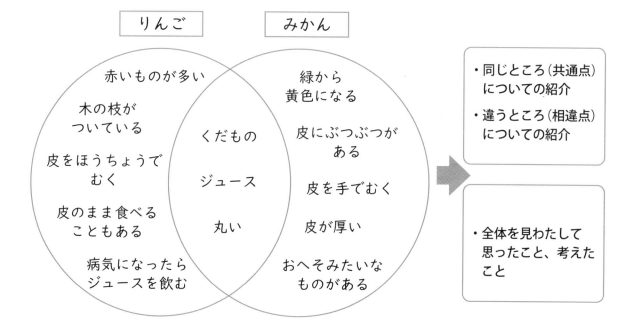

・同じところ（共通点）についての紹介
・違うところ（相違点）についての紹介

・全体を見わたして思ったこと、考えたこと

　このように、思考ツールを使うときは ①対象についてのアイデアを書き出す（可視化する）②アイデアを取捨選択して説明するという2つのステップをイメージしておくことが大事です。つい、思考ツールにアイデアを書き出すことに関心がいきます。しかし、そこで止まってしまっては、意見や考えをつくり出したことにはなりません。このワークは、両方のステップを意識して練習できるようになっています。

いろいろな
思考ツール

思考ツールには、いろいろな形があります。
このワークでは、その中でも小学校1・2年生でも
十分使える6つにしぼりました。
この6つは、それぞれが、ちがった思考をうながします。

ステップチャート

順序を検討する思考をうながします。

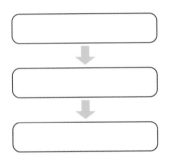

[使い方] 伝えることを、カードや短冊に書き出します。順番を
いろいろ変えてみて、伝えたいことがうまく伝わる順番をさが
します。

[伝えるとき] はじめに、次に、などの「つなぎことば」を使って、
順序よく伝えます。

ベン図ず

比較する思考をうながします。

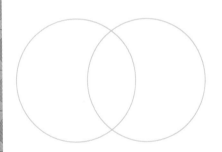

[使い方] 2つのものを比べるときには、○を2つつくります。同
じところと違うところを、書き込んでいきます。

[伝えるとき] 同じところについて、書き出したアイデアを説明し、
さらにどういうところが同じか(たとえば見かけ、色、大きさな
どの特徴)を伝えます。違いについて、書き出したアイデアを説
明し、できれば色についてそれぞれどんな色だったか、という
ように伝えます。そして、比べてわかったことや感じたことを
伝えます。

なか間分けまわ

分類する思考をうながします。

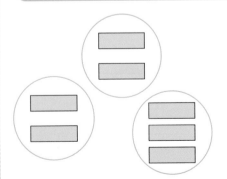

[使い方] 複数のものの似ている特徴をみつけて、仲間を作って
いきます。仲間ができたら、どんな仲間か、その名前を書きます。
自分で新しい仲間を作ったときは、名前を付けます。

[伝えるとき] どんな仲間ができたか、紹介します。仲間分けし
てわかったことや感じたことを伝えます。

イメージマップ

発想を広げる思考をうながします。

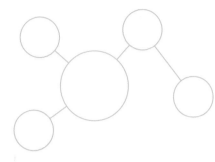

使い方 中心においたことから連想することを、周りにつないで広げていきます。そこから、さらに連想することをつないでいくこともあります。

伝えるとき 中心の事項から、どんな風にアイデアが広がったかを伝えます。とてもおもしろいアイデアが生まれたときには、そのアイデアを紹介します。

Yチャート、Xチャート
ワイ　　　　エックス

多面的にみる思考をうながします。

使い方 対象を、設定されている視点からよく見て、気づいたことを書き出していきます。

伝えるとき 書き出したアイデアから、使いたいものを選んで組み合わせ、どのように見えたのかを伝えます。多面的に見て、わかったことや感じたことを伝えます。

クラゲチャート

理由づける思考をうながします。

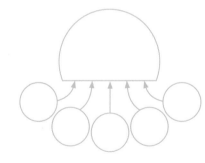

使い方 頭に、意見や主張を書きます。足に、その意見のわけや理由を書き出します。

伝えるとき わけや理由を順序よく示しながら、意見や主張を伝えます。

　本書では、それぞれ、きほん で使い方を学び、れんしゅう で身近なことをテーマにして練習します。最後に チャレンジ で、少しだけ難しいテーマに挑戦します。どれをやるときにも、正解を出すことが目的ではなくて、どんなに小さなことでも自分なりのアイデアを出すこと、そこから自分なりの意見や考えをつくり出すことが目的だということを忘れないでください。一人で、いろいろな意見や考えをつくり出せるかもしれません。そういったことにも、ぜひ、挑戦してみてください。

もくじ

少し　むずかしい　かだいに
チャレンジして、
考える力を　のばそう！

チャレンジ

解説と回答例

おうちの方へ

じゅん番に ならべよう

おふろそうじ、できるかな？

ステップチャート

今日は、わたしが
家の おふろそうじを
するよ。

ゆぶねは せんざいを
つけて スポンジで
あらうと いいわね…。
体を あらう ところは、
ブラシで あらうわ…。

足が ぬれるから、
まず くつ下を ぬぐと
いいと 思います。

スポンジで あらって、
ブラシで こすって、
くつ下を ぬいで…。
何から すれば
いいんだ？

何から すれば
いいのかな。
おふろそうじの しかたを
じゅんばんに ならべよう。

1 おふろそうじで する ことを
小さな メモや ふせん紙に
書き出すよ。

> ゆぶねを
> スポンジで あらう

> ゆぶねの せんざいを
> 水で ながす

> くつ下を ぬぐ

> ゆかに
> せんざいを つける

> ゆかを
> ブラシで あらう

何か わすれて いる
ことは ないじゃろうか。

今日は お手つだいで、おふろそうじを するよ。
どんな じゅんじょで すると、早く きれいに
なるかな。おふろそうじの 手じゅんを 考えよう！

2 「ステップチャート」を つかって、
する ことの じゅん番に ならべて みたよ。

くつ下を ぬぐ

⬇

ゆぶねに せんざいを つける

⬇

ゆぶねを スポンジで あらう

⬇

ゆぶねの せんざいを 水で ながす

⬇

ゆかに せんざいを つける

⬇

ゆかを ブラシで あらう

⬇

ゆかの せんざいを 水で ながす

3 おふろそうじの 手じゅんを せつ明しよう！

はじめに、足が ぬれるから くつ下を ぬぎます。
さいしょは、ゆぶねに せんざいを つけて、スポンジで あらいます。
ぜんたいを みがいたら、ゆぶねの せんざいを 水で ながします。
つぎに、ゆかに せんざいを つけて、ブラシで あらいます。
さい後に、ゆかの せんざいを 水で ながします。

じゅん番に ならべよう

朝に する ことを 書こう

ステップチャート

朝は する ことが
多いから、
バタバタするね。

朝ごはんは しっかり
食べたいから、まず
さいしょに 食べるぞ。

みんなは 朝の じゅんびを
どんな じゅん番で して いるかな。

1 朝 おきてから、学校に 行くまでに することを 書き出そう。

はを みがく

朝ごはんを 食べる

メモ用紙や ふせん紙に
書いても いいわ…。

「まず」「つぎに」「そして」
「さい後に」を つかうと
わかりやすくなるんじゃ。

朝は　学校に　行くまでに、いろいろ　する　ことが
あるね。みんなは　何を　して　いるかな。
朝に　する　ことを　じゅん番に　書いて　みよう。

② 「ステップチャート」を　つかって、する　ことの
じゅん番に　ならべて　みよう。

⬇

⬇

⬇

⬇

⬇

書く　ところが　少ない　ときは、べつの　紙に　書こう！

③ 朝　する　ことを　じゅんじょ　よく　せつ明しよう！

くらべよう

きほん

お小づかいでどちらを買う？

ベン図

① ふでばこ

お小づかいを
500円
ためたんだ。
何を 買ったら
いいと 思う？

この 前 いいなって
言ってた ふでばこは
どう ですか？
とっても かっこ
よかったです。

家でも 学校でも
つかえる

長く つかえる

あきるかも
しれない

ふでばこだけに
あてはまる ことを
書いたよ。

食べたいって 言ってた
ケーキは どうかな？
今だけ 売ってる
とくべつな もの。
食べると しあわせに
なれそうって、
言ってたよね。

きみなら どっちを
買うじゃろうか？
図に 書いて ある
ことを もとに、
自分の 考えを
言って みるんじゃ！

ふでばこと ケーキを、
「ベン図」を つかって、くらべて みるよ！
それぞれの とくちょうを 書いて みよう。

お小づかいが たまったよ。前から ほしかった ふでばこと、今しか 売って いない ケーキ。キミは どっちを 買うと いいと 思うかな。2つを くらべて 買う ものを きめよう!

ケーキ

500円

前から

ほしいと

思って いた

買えるのは 今だけ

食べると しあわせな
気分に なれそう

食べたら なくなる

どちらにも あてはまる
ことを 書いたよ。

ふでばこと、ケーキの
同じ ところと
ちがう ところが
わかったわね…。

ケーキだけに
あてはまる ことを
書いたよ。

② 自分の 考えを つたえよう!

ぼくは ふでばこを 買う ことに したよ。ふでばこも ケーキも ねだんは 同じ 500円。どちらも 前から ほしいと 思ってたんだ。

ふでばこは 家でも 学校でも つかえるし、だいじに すれば 長く つかえるよ。でも あきてしまうかも しれないかな。

ケーキは 今しか 買えないし、食べると とても しあわせな 気分に なれそう。でも 食べたら おしまいだね。

いろいろ くらべて みて、ぼくは すぐに なくなって しまう ケーキより、長く 楽しめる ふでばこを 買おうと 思うよ。

くらべよう

どっちを もって いく？

れんしゅう

ベン図

> どっちを もって いくと
> 赤ちゃんと 楽しく
> あそべるかな？。

1 すずと ぬいぐるみを くらべるために
「ベン図」を 書いてから、自分の 考えを 書こう。

> きれいな
> 音の なる
> すずは 赤ちゃんも
> 楽しいぜ。

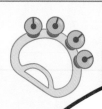

すず

> くまの
> ぬいぐるみは
> とても
> かわいいですね。
> きっと よろこぶと
> 思います。

> すずだけに
> あてはまる ことを
> 書くよ。

> どちらにも あてはま
> ことを 書くよ。

しんせきの　家に　あそびに　いく　ことに　なったんだ。
その　家には　赤ちゃんが　いるよ。きれいな　音の　なる
すずと、くまの　ぬいぐるみ、どちらを　もって　いこうかな。

書く　ところが　少ない　ときは、べつの　紙に　書こう!

きみなら　どっちを
もって　いくじゃろうか?
図に　書いて　ある
ことを　もとに、
自分の　考えを
書いて　みるんじゃ。

ぬいぐるみ

ぬいぐるみだけに
あてはまる　ことを
書くよ。

② 自分の　考えを　つたえよう!

家の しごとを 分けよう

なか間に 分けよう

きほん

分けよう

なか間分け

あらいものや そうじも ありますね。

えーと、ごはんの したくに、 せんたく…。

お父さんや お母さんは いつも いそがしいって 言って いるけれど、 どんな ことを して いるのかな。

① 家の しごとを ふせん紙に 書いて みたよ。

- 食きあらい
- たくはいを うけとる
- まどふき
- かたづけ
- ごはんの したく
- せんたく
- おふろそうじ
- ボストを 見にいく
- さいほう
- そうじ

② にて いる しごとの なか間を あつめて、なか間に 名前を つけたよ。

あらう しごと
- まどふき
- おふろそうじ
- 食きあらい
- せんたく

とって くる しごと
- たくはいを うけとる
- ボストを 見にいく

せいり する しごと
- かたづけ
- そうじ

作る しごと
- ごはんの したく
- さいほう

おうちの　人は　いつも　いそがしく　して　いるね。
どんな　しごとを　して　いるのかな。
なか間に　分けて　家の　しごとを　せつ明しよう！

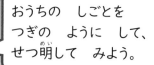

おうちの　しごとを
つぎの　ように　して、
せつ明して　みよう。

おうちの　しごとを
なか間に　分けたら、
わかりやすく　なるんじゃ
ないかしら…。

①おうちの　人が　やって　いる　しごとを　書く。
②にて　いる　しごとを　あつめて　○を　つける。
③○を　つけた　しごとが　どんな　しごとか、
　まとまりに　名前を　つける。
④家の　しごとを　せつ明する。

❸ 自分の　考えを　つたえよう！

なか間に　つけた　名前を　つかって、どんなふうに
なか間に　分けたか　せつ明するんじゃ。
なか間が　いくつ　あるかや、どんな　なか間が
あるかも　せつ明すると、わかりやすく　なるんじゃ。

　　家の　しごとを　4つに　分けてみました。一つ目は、あらう
しごとです。食きあらいや　おふろそうじや　せんたくは、どれも
あらう　しごとです。まどふきも、あらう　しごとだと　思います。
　　二つ目は、きれいに　する　しごとです。そうじは　きれいに　する
しごとに　分けました。ゆかの　そうじは　おちて　いる　ごみを
なくして　きれいに　します。つくえの　せいとんは　場しょや
おきかたを　そろえて　きれいに　します。
　　三つ目は、作る　しごとです。作る　しごとには　ごはんの
したくと　さいほうが　あります。
　　四つ目は、とって　くる　しごとです。とって　くる　ものは
手紙と　たっきゅうびんです。
　　家には　あらう　しごとが　多いと　思いました。ぼくには　作る
しごとは　むずかしいので、ほかの　しごとを　手つだおうと
思いました。

なか間に分けよう

れんしゅう

家ぐを なか間に 分けよう

なか間分け

家ぐにも
いろいろ
あるんだな。

ア　イ　ウ
エ　オ　カ

---

1 ア〜カの 家ぐを いろいろな 分け方で なか間に 分けて、
なか間に 名前を つけよう。分けたら、思った ことも 書こう。

❶しゅるいで 分けよう。

いす

ア〜カの
記ごうを ○○の
中に 書いてね。

つくえ

いすと つくえの
なか間に
分けるんですね。

❷つかう 場しょで 分けよう。

□と □には、
つかう 場しょを
書いてね。

家の 中や 学校には いろいろな 家ぐが あるね。
どんな なか間に 分けられるかな。
なか間に 分けて、まわりに ある 家ぐを せつ明しよう!

❸何の ために つかうかで 分けよう。

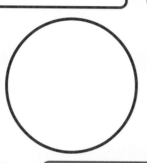

書く ところが 少ない ときは、べつの 紙に 書こう!

② 自分の 思った ことを つたえよう!

・何と 何に 分けたかを つたえると いいのう。
・それぞれに どの 家ぐが 入ったかを つたえるんじゃ。
・それぞれの なか間が どんな 家ぐか、とくちょうを つたえるんじゃ。

春の

考えを
広げよう

絵はがきを
作ろう

イメージマップ

もう　すぐ　春が
やって　くるね。
みんなで　春の
絵はがきを　作ろう!

春の　絵はがきって、
何の　絵を　かくと
いいんだ?

1 春と　聞いて　思いついた　ことを、「イメージマップ」を　つかって、
たくさん　書いて　いくよ。

れい1

考えを　広げたい　ことを
まん中に　書くよ。

さくら

入学しき

春

てんとう
虫

しお
ひがり

いちご

まん中に　書いた　ことに
ついて、思いついた　ことを
一つずつ　書くよ。

れい2

つくし

新しい
クラス

新しい
友だち

春

ドキ
ドキ

お花

たけの
こほり

「新しいクラス」から
思いうかんだ　ことを
さらに　広げて　いるね。

みんなで　春の　絵はがきを　作る　ことに　したよ。
どんな　絵を　かくと　春らしく　なるかな。
考えを　広げて　絵はがきを　作ろう！

春と　いえば
さくらでしょうか。

春と　聞いて、何を　思いうかべるかな。
考えを　広げる　ために、図に
思いつく　ことを　書いて　いこう。

② 考えを　もとに、春の　絵はがきを　作ろう。

これは、「れい1」の　考えを
絵はがきに　した　ものじゃ。
どうして、こう　なったのか、
せつ明　できるじゃろうか。

③ どう　して、この　絵はがきに　なったのか、
せつ明しよう！

　　わたしは　春と　聞いて、さくらや　入学しきの　ことを
思い出しました。
　　それから、てんとう虫を　つかまえた　ことや、
いちごを　たくさん　食べた　ことを　思い出しました。
　　てんとう虫も　いちごも　赤い　色なので、
赤色や　ピンク色を　たくさん　つかった　絵はがきを
作りました。

考えを広げよう

夏の 絵はがきを 作ろう

イメージマップ

つぎは、夏の絵はがきを作るぞ。

夏と いえば
何かしら…。

夏と 聞いて、
思いつく ことを
書いて、自分だけの
絵はがきを 作ろう。

1 夏と 聞いて 思いつく ことを、「イメージマップ」を
つかって 書いて いこう。

夏に ついて、思いついた
ことを どんどん 書こう。

プール

夏

こんどは　夏の　絵はがきを　作るよ。
夏と　聞いて　何を　思いうかべる？

2 左の　ページに　かいた　図を　もとに　して、
絵はがきの　絵を　かいて　みよう。

夏と　聞いて
思いうかんだ　ことを
つかって、楽しい
絵はがきを　かいてね。

書く　ところが　少ない　ときは、べつの　紙に　書こう！

3 どう　して、この　絵はがきに　なったのか、せつ明しよう！

いろんな見かたをしよう

上手に作文を書こう

きほん

Yチャート

どう したら、作文が うまく書けるように なるのかな。

作文を 書くのは にが手だな。

1 うんどう会の ことを 作文に 書くよ。まず、「Yチャート」に ある 3つの 見かたで、うんどう会の ことを 思い出して みよう。

うれしかった こと

・リレーで 一人 おいぬいた。

・玉入れで 2つ 入った。

・赤チームが いちばんに なった。

・つな引きで もり上がった。

・じゅぎょうが なかった。

・学校で おべんとうを 食べた。

・長い 時間 体いくすわりを して いた。

・50メートル走で ころんだ。

たのしかった こと

つらかった こと

うんどう会の ことを 作文に 書くよ。
いろんな 話だいを 入れて、作文を 書いてみよう。

長く 書けば いいのでしょうか。

話だいを ふやすには、いろんな 見かたを すると いいんだよ。

長いだけでは なくて、色いろな 話だいが 書いて あると、いいんじゃないかしら…。

② 自分の 考えを つたえる 作文を 書こう！

3つの 見かたで 思い出した ことを つかって、作文を 書くんじゃ。思い出した ことは ぜんぶ 書かなくても いいんじゃよ。

先週の 土曜日に うんどう会が ありました。

体そうふくで 学校に 行って、朝の 会の あと すぐに うんどう場に 行きました。じゅぎょうは ありませんでした。

わたしは「50メートル走」「リレー」「つな引き」「玉入れ」に 出ました。

50メートル走では ころんで しまって、つらかったけれど、

つらかった こと

リレーでは いっしょうけんめい 走って 一人 ぬかしました。

そして、チームきょう走では わたしの 赤チームが 1番に なって うれしかったです。

うれしかった こと

みんなで さんかする つな引きは、すごく もり上がって 楽しかったです。

楽しかった こと

学校で おべんとうを 食べたのも 楽しかったです。

雨が 心ぱいだったけど うんどう会が あって よかったです。いっぱい がんばれたのも よかったです。

ぜん体の かんそうも 書くと いいね。

いろんな 見かたを しよう

公園の ようすを つたえよう

Yチャート

どんな 公園ですか？

家の 近くの 公園に よく あそびに 行くよ。

色んな 見かたで、 公園の ようすを つたえよう。

何が あって、 どんな ことが できるんだ？

1 公園の ようすを つたえる ために、「Yチャート」に ある 3つの 見かたで 気づいた ことを 書こう。

何が あるか

近くの 公園に 行って、 たしかめて みるのよ…。

何を するか　　　　　　　どんな 気持ちか

公園の　ようすを　つたえるには、
どんな　ほうほうが　あるかな。
3つの　見かたを　して、ようすを　つたえよう。

2 左の　ページに　かいた　図を　もとに、その　公園に　ついて
どう　思うかを　書こう。

書く　ところが　少ない　ときは、べつの　紙に　書こう!

3 「何が　あるか」「何を　するか」「どんな　気持ちか」の
3つの　見かたで、公園を　せつ明しよう。さい後に、
②で　書いた　「公園に　ついて　どう　思うか」を　書こう!

わけを つたえよう

ちょうちょが すきなのは なぜ？

クラゲチャート

自分の い見を 言う ときは、理ゆうも いっしょに 話すと いいわ…。

理ゆうを つたえるために、下の 図を 書いて 考えると いいよ。

1 「クラゲチャート」を つかって、すきな 生きものに ついて、どう して すきなのか 理ゆうを 考えるよ。

自分の い見を 書くよ。

わたしは生きもののなかで、ちょうちょがいちばんすきです。

色が きれい

たくさんの しゅるいが いる

楽しそうに とんでいる

つかまえる のが むずかしい

せかい中に いる

そう 思う 理ゆうを 一つずつ 書くよ。

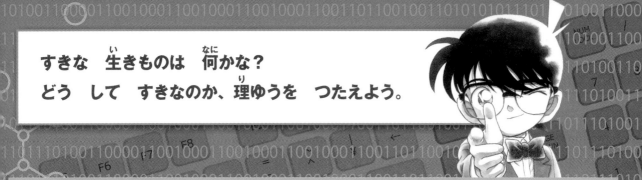

すきな 生きものは 何かな？
どう して すきなのか、理ゆうを つたえよう。

❷ 自分が すきな 生きものに ついて、どう して すきなのか 理ゆうを せつ明しよう。

自分の い見の 後に 理ゆうを 書く ときは、
「なぜなら」を つかうんじゃ。

わたしは、虫の 中では ちょうちょが すきです。
なぜなら、色が とても きれいで、楽しそうに とんで いて、
見て いて うれしくなるからです。
ちょうちょは いろんな しゅるいが いて、せかい中に
いるそうです。
わたしは たくさんの ちょうちょを 見て みたいです。
つかまえるのが むずかしいのも すきな 理ゆうです。

あれ、クラゲの
足が 多いぞ。

こっちは、かえるが
すきな ことを
せつ明する 図ですね。

わたしは
生きものなかで、
かえるがいちばん
すきです。

はっぱの
ふりが
できる

つるつる
している

みんなで
合しょう
する

理ゆうが たくさん
ある ときは、クラゲの
足を つけたすんじゃ。
理ゆうが たくさん
あると、考えが よく
つたわるのう。

目が 丸くて
かわいい

りくでも
水でも
だいじょうぶ

とぶことが
とくい

29

わけを つたえよう

大切に して いるのは なぜ？

クラゲチャート

これは ワシが 大切に して
いる じてんなんじゃ。せつ明が
くわしくて、写真も
きれいだから、とても やくに 立つんじゃ。

い見や 考えは、
理ゆうが いっしょに
書いて あると
よく わかるんだね。

どう して
大切なのか、理ゆうが
よく わかりますね。

---

1 自分が 大切に して いる ものと、その 理ゆうを
「クラゲチャート」に 書こう。

ぼく・わたしは、

自分の 大切に して
いる ものを 書くよ。

大切に して
いる 理ゆうを
一つずつ 書くよ。

＿＿＿＿＿＿
を大切にしています。

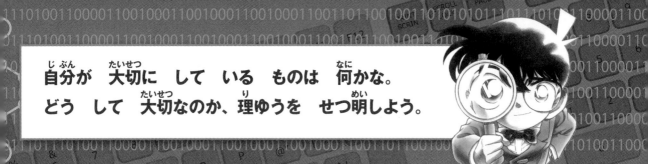

自分が　大切に　して　いる　ものは　何かな。
どう　して　大切なのか、理ゆうを　せつ明しよう。

書く　ところが　少ない　ときは、べつの　紙に　書こう!

2　自分の　大切に　して　いる　ものに　ついて、
　　どう　して　大切なのか　理ゆうを　せつ明しよう。

自分の　い見を　書いたら、「なぜなら」に
つづけて　理ゆうを　書くんじゃ。

じゅん番に ならべよう

チャレンジ

学校の 行じを つたえよう

ステップチャート

遠足や うんどう会など、学校には たくさんの 行じが ありますね。

① 学校に どんな 行じが あるのか 書き出そう。

メモ用紙や ふせん紙に 書いても いいよ。

どんな 行じが あるか、わかりやすく つたえるには、どう すれば よいかしら…。

どんな じゅん番で せつ明するか 考えて、学校の 行じを つたえよう。

② 何の じゅん番で つたえるのかを きめよう。

☐ 楽しかった じゅん番
☐ 行じが あった じゅん番
☐ 自分が がんばった じゅん番

わたしは、「楽しかった じゅん番」を えらんだよ。

自分が つたえたい じゅん番を 3つの 中から えらぶんじゃ。

学校には たくさんの 行じが あるね。どんな 行じが あるかを つたえるために、お話しする じゅん番を きめて ならべてみよう。

③ 「ステップチャート」を つかって、
学校の 行じを じゅん番に ならべて みよう。

⬇

⬇

⬇

⬇

⬇

書く ところが 少ない ときは、べつの 紙に 書こう!

④ どんな 行じが あるのか、じゅんじょよく せつ明しよう！

くらべよう 子ども会で 何を して あそぶ？

ベン図

① 「だるまさんが ころんだ」と 「お絵かき」を くらべる 図を 書いてから、自分の 考えを 書こう。

外で あそぶなら、どっちかな。

だるまさんが ころんだ

小さな 子どもが いたら、どっちが いいかしら…。

雨が ふったら、どっちかな。

こんどの 日曜日、子ども会で 地いきの みんなと
あそぶんだ。何を して あそんだら いいかな。
この 2つから えらぶ ことに するよ。

だるまさんが ころんだ

お絵かき

お絵かき

② 自分の 考えを つたえよう！

キミなら どっちの あそびを
えらぶかのう？
図に 書いて ある ことを
もとに、自分の 考えを
書いて みるんじゃ。

書く ところが 少ない ときは、
べつの 紙に 書こう！

なか間に 分けよう

犬を

なか間に 分けよう

ア

イ

犬を かうなら
たろうが いいな。

それは 名前でしょ。
そうじゃなくて、なか間。

どんな なか間に 分けられるか、
考えてみてください。

① ア～クの 犬の しゃしんを 下の ように して なか間に
分けて、○の 中に 記ごうを 書こう。つぎに なか間に
名前を つけよう。

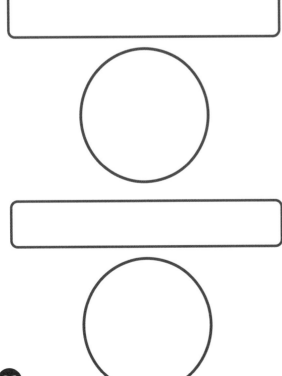

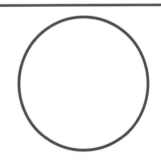

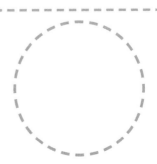

犬の しゃしんを たくさん あつめて みたよ。
いろんな 犬が いるんだね。どんな なか間に
分けられるかな。なか間に 分けて、せつ明しよう！

3つより たくさんの なか間に 分ける ことが できる
人は、○を つけたして、いろいろな なか間に 分けてね。

①にて いる 犬を まとめて、なか間に 分けよう。
　（ふせん紙を つかうと やりやすいよ）
②なか間に、名前を つけよう。
③どうして そのように 分けたのか、せつ明しよう。
④分けて みて、思った ことを 書こう。

書く ところが 少ない ときは、べつの 紙に 書こう！

② 自分の 思った ことを、つたえよう！

クラスの ことを つたえよう

考えを
広げよう

イメージマップ

クラスの 人や、クラスで
あった ことを 図に
書いて みると いいわ…。

自分の クラスって、
どんな クラスかな。

どんな クラスなのか、図に
書いた ことを もとに
つたえる 文しょうを 書こう。

① 自分の クラスの ことについて、思いつく
ことを 「イメージマップ」 に 書こう。

自分の クラスの ことを
どんどん 書こう。

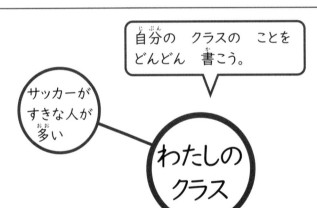

サッカーが
すきな人が
多い

わたしの
クラス

自分の　クラスは　どんな　クラスなのか、
おうちの　人に　つたえよう！

② どんな　クラスなのか、しょうかいしよう！

書く　ところが　少ない　ときは、べつの　紙に　書こう！

いろんな 見かたを しよう

チャレンジ

自分の ことを つたえよう

エックス X チャート

自こしょうかいって、どんなふうに 話せば いいのかな。

自こしょうかいを する ために、自分の ことを いろんな 点から 見て みると いいわ…。

① 自分に ついて、「X チャート」に ある 4つの 見かたを して、気づいた ことを 書いてみよう。

とくいな こと

すきな こと

きらいな こと

にが手な こと

「とくいな こと」「すきな こと」「きらいな こと」「にが手な こと」で なく、自分が 書きやすい 見かたで 書いても いいんじゃよ。

自こしょうかいを　した　ことは　あるかな。
自分の　ことを　色んな　点から　見て、
自こしょうかいの　文しょうを　書こう！

② 自こしょうかいの　文しょうを　書こう！

書く　ところが　少ない　ときは、べつの　紙に　書こう！

わけを
つたえよう

やりたい ことと、
理ゆうを 書こう

クラゲチャート

どうして
サッカーなの?

休みの 日に 家ぞくで
サッカーを したいですね。

どうして やりたいと 思ったのか、理ゆうを
つたえて おうちの 人に ていあんして みよう。

① 自分が やりたい ことと、
その 理ゆうを 「クラゲチャート」に 書こう。

ぼく・わたしは、

おうちの人といっしょに

自分の やりたい
ことを 書くよ。

_____

をやりたいと思います。

やりたい 理ゆうを
一つずつ 書くよ。

休みの 日に、おうちの 人と いっしょに
やりたい ことは 何かな。
やりたい ことと 理ゆうを 書こう!

② おうちの 人と いっしょに やりたい ことと、
その 理ゆうを せつ明する
文しょうを 書こう。

自分の い見を 書いたら、
「なぜなら」に つづけて
理ゆうを 書くんじゃ。

書く ところが 少ない ときは、
べつの 紙に 書こう!

解説と回答例　ちょうせん1 じゅん番に　ならべよう

教材のねらいと　きほん 教材の使い方

　ステップチャートは、物事を手順に分解して、順序をつけることをうながします。「**順序づける**」という思考**スキル**と対応します。

　学校では、起きたことを順序よく話したり、書いたりすることができるよう、助詞（てにをは）や接続詞（はじめに、つぎに、さいごに、そして、等）の使い方が指導されており、それを「つなぎことば」と呼んだりします。ステップチャートは、「つなぎことば」を使って説明する前段階である、順序そのものを考えることをうながします。適切な順序は、目的に応じて決まります。しかし、このワークでは、順序の正確性や効率性を問うのではなく、物事を分解して、順序をつけ、それを説明するという作業そのものを練習します。

　きほん の教材では、「おふろそうじのしかた」を説明するために、お風呂掃除の時にやることを書き出し、実行する順番に並べています。まずは、手順を一つずつ付箋紙に書き出します。書き出すときは、順番は気にせず思いついたものからどんどん書き出していきます。そして、実行する順番に並べます。並べる中で、見落としていた手順に気づくこともあるでしょう。そのときには、また付箋紙に書いて、手順を加えます。説明するときには、接続する言葉が必要になります。接続語について低学年ではまだそれほど学習していないので、どんな言葉で繋ぐとよいのかを助言してあげてください。

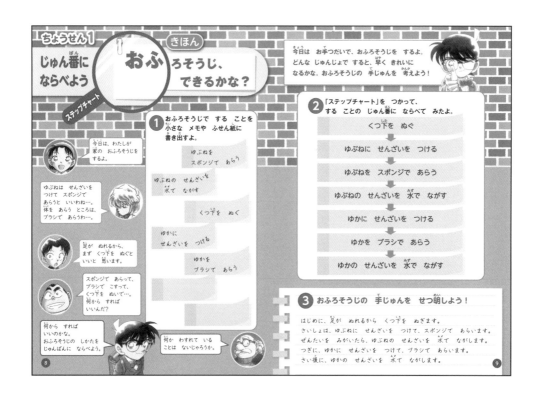

れんしゅう 教材の解説と回答例

　れんしゅう では、「朝、学校に行くまでにすること」を説明するために、自分が朝にすることを書き出し、それを実行する順に並べます。ワークブックに直接書き込めるように空欄を設けてありますが、付箋紙や小さな紙片を使うと順番の入れ替えなどの作業がしやすくなります。

　朝にすることが書き出せない場合は、一緒に朝の様子を思い出しながら、どんな些細な行動でも構わないので、書けるように助言してあげてください。順序を説明する文章を書くときには、接続する言葉が必要になります。学校では、学年が上がるにつれて徐々に接続語の使い方を習得していきます。低学年では、同じ接続語を繰り返し使ってもよいでしょう。困っていたら、どんな言葉で繋ぐとよいか助言してあげてください。

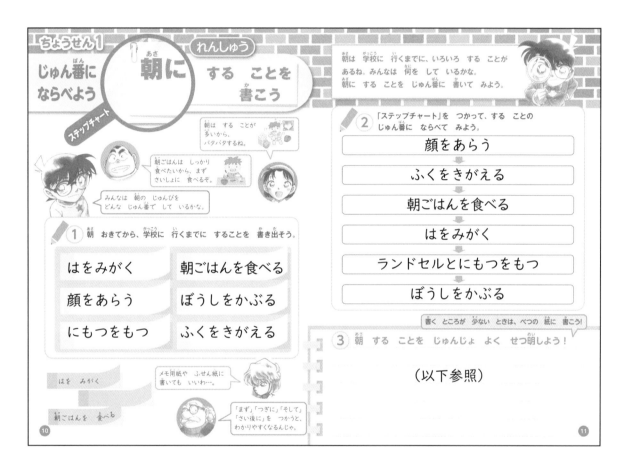

作文例
　わたしは、朝おきたら、まずは顔をあらいます。つぎに、ふくをきがえて、朝ごはんを食べます。そして、朝ごはんを食べ終わったら、はをみがきます。さい後に、げんかんにじゅんびしたランドセルとにもつをもって、ぼうしをかぶります。大きな声で、「行ってきます」と言って、家を出ます。

することの順番に、しっかり書けているね。

ちょうせん2 くらべよう

教材のねらいと きほん 教材の使い方

　ベン図は、２つのものについて同じところと違うところを挙げることをうながします。**「比較する」という思考スキル**と対応します。

　学校では、季節の変化をとらえるために、春の公園で見つけたものと秋の公園で見つけたものをベン図を使って比較することがあります。「比べる」と聞くと、「〜のほうが大きい」「〜より少ない」というように特定の視点（「大きさ」や「量」）についての順序をつけることをイメージすると思います。しかし、特定の視点で考える必要がある場面では、その視点を明示して整理する方が効率がよいので、共通点と相違点を挙げることをうながすベン図はあまり役に立ちません。

　ベン図を使うと、視点にとらわれずに２つの対象それぞれの特徴を書き出すことになります。そうすることで、意外な共通点や相違点にも気づくことができます。

　 きほん の教材では、ためたお小づかいを使って、「ケーキ」と「ふでばこ」のどちらを買うのがよいか考えるために比較します。ここでは考え方の一例として「ふでばこ」を買うことにして、そう決めた理由として、「長く使える」ということを決め手に挙げています。

　自分の考えを伝える文章を書くときは、単に結論を伝えるのではなく、２つともに魅力を感じているのに、なぜ「ふでばこ」がよいと考えたのか、ベン図に整理したことをもとに説明することが大切です。その際、ベン図に書いたすべての情報を入れる必要はありません。

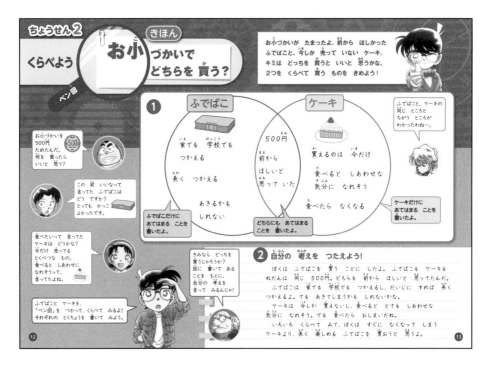

れんしゅう 教材の解説と回答例

れんしゅう では、「赤ちゃんのために持っていくおもちゃ」として、「すず」と「ぬいぐるみ」のどちらがよいか考えるために比較します。ベン図はどこから書いても構いません。「すず」と「ぬいぐるみ」ついて、知っていることや思いつくことをどんどん書くようにうながしてください。最初から共通点を見つけるのは難しいですが、「すず」にも「ぬいぐるみ」にも同じことが書かれていれば、結果的にそれが共通点になります。そうしたことを想定すると、ベン図に直接書くのではなく、付箋や小さな紙に書いてベン図に配置していくようにしてもよいでしょう。書いたものを移動できるので、書き直す手間が省けます。また操作性が生まれることで、2つの輪の重なりが共通項を意味するということの理解をうながします。

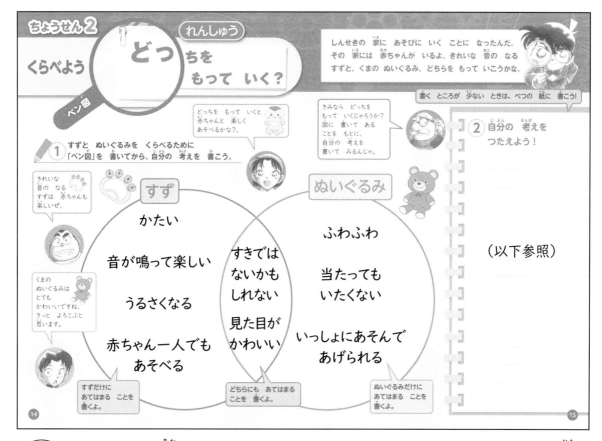

作文例

　わたしは、赤ちゃんのためにもっていくおもちゃは、ぬいぐるみがよいと思いました。すずはかたいので当たるといたいけれど、ぬいぐるみはふわふわしていて、当たってもいたくないので、安ぜんだと思いました。すずは、赤ちゃんが自分で音を鳴らしてあそぶことができてよいけれど、うるさいのでおうちの人のめいわくになってしまうかもしれないと思いました。

　すずもぬいぐるみも、すきじゃないかもしれないけれど、ぬいぐるみならわたしがうごかしてお話ししたりできるので、そんなにすきじゃなくてもいっしょにあそんであげられるのでよいと思いました。

赤ちゃんの安全や、おうちの人のことも考えることができたね。

47

解説と回答例

ちょうせん❸
なか間に 分けよう

16～19ページ

教材のねらいと きほん 教材の使い方

仲間分けとは、ものごとを分類することです。

学校では、さまざまな場面で分類することが必要になります。1年生になったときに学校探検をしますが、「せいかつ」の授業として行うので、見てきた部屋や会った人をいろいろな視点に分けて整理します。

仲間分けのときには、対象の共通点が大事です。ベン図でやった、同じところを持っているものが「仲間」になります。少し難しいのは、何に目をつけるかです。赤いタクシー、赤い自転車、青いバス、青い三輪車の4つのものがあるとき、色に目を付けるとタクシーと自転車が仲間になり、バスと三輪車が仲間になります。自分でこぐかこがないかに目をつけると、タクシーとバスが仲間になり、自転車と三輪車が仲間になります。そこが、仲間分けのおもしろいところです。

きほん の教材では、おうちの人の仕事について、仲間分けしています。まず、どんな仕事をしているのかを、思いつく限り書き出します。次に、どんな仕事かによって、仲間分けします。何のためにやっているのか、どんな動作をするのか、などを思い描くことで、分けやすくなります。この例では、何のための仕事かによって分けています。

仕事を分けたら、それぞれを○で囲んで名前を付けていきます。分けるときに、すでに何のための仕事かは、頭に浮かんでいると思うので、それを言い表すことになります。ここでは、「あらうしごと」「きれいにするしごと」「つくるしごと」「とってくるしごと」と名前を付けました。次は、どのように分けたかを、人に伝えます。ここは、どのように分けたかを伝えます。

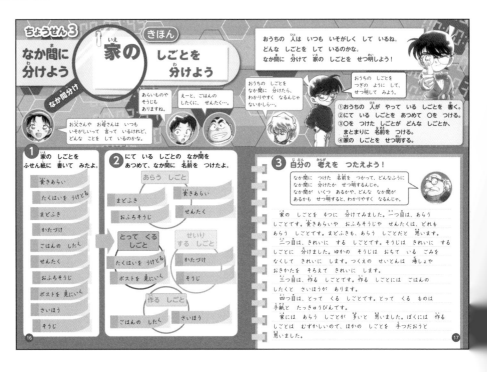

れんしゅう 教材の解説と回答例

れんしゅうでは、仲間分けするものを、絵で示しています。絵には、アイウエオカの記号をつけてあるので、記号で仲間分けしましょう。同じものを仲間分けしても、分ける視点が違えば、違った分け方になることに注意しましょう。種類で分けると、「いす」と「つくえ」に分けられます。使う場所で分けると、「家」と「学校」に分けられます。ほかに、何のために使うかで分けると、「勉強のため」と「生活のため」に分けたり、「すわるため」と「ものを書いたり、ごはんを食べたりするため」に分けることもできます。このような分け方もしてみるように、うながしてあげてください。

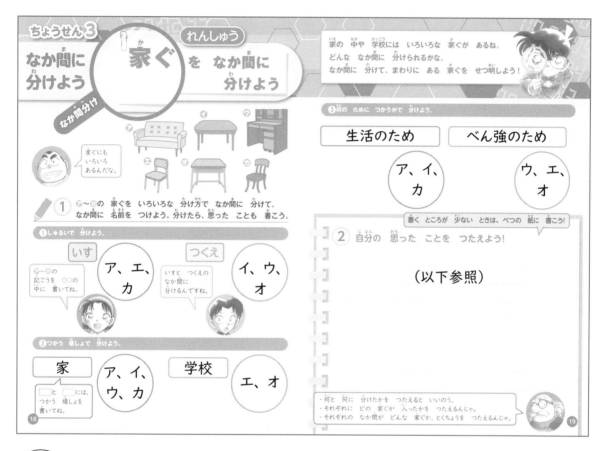

作文例

　いすとつくえは、ふつう、すわるものと、ものをかいたりおいたりするものです。でも、少しちがう分け方をしてみました。
　エとオは、学校にあるいすやつくえです。ほかは、家にあるものです。つかい方で分けると、学校にあるいすやつくえと、べん強べやにあるつくえはべん強のための家ぐです。ほかは、テレビを見たり、ごはんを食べたりするときにつかう生活のための家ぐです。学校のいすやつくえのあしは、パイプでできています。家にあるものは木でできていて、やわらかいかんじがします。

> 目をつけることがちがったら、
> 分け方がちがうことに気づいているね。

ちょうせん4 考えを　広げよう

教材のねらいと きほん 教材の使い方

　イメージマップは、トピックについて思いつくことをたくさん書き出していくことで、トピックのイメージを広げることをうながします。「**広げる**」という**思考スキル**と対応します。

　学校では、学習の導入段階で学習課題についてのイメージを広げたりします。

　イメージマップを書くには、トピックについて「想起する」「思い出す」ことが必要です。それを書き出すことで、そこからまたさらに連想していくという使い方もできます。しかし、そうすると単なる連想ゲームのように繋いでいくことが目的化してしまうおそれがあります。このワークでは、連想していくことより中心のトピックについての情報を増やして、イメージを広げていくことを練習します。何のためにイメージを広げるのか、広げたことをもとにどうすればよいのかということについては、活用する状況によって変わってきます。

　 きほん の教材では、春をテーマにした絵はがきを作成するために、春のイメージマップをつくります。まず、「春」というトピックを真ん中に書き、春について思いつくことを、線で繋いで書き出します。春のイメージマップをつくることが目的なので、できるだけ中心の「春」から線を繋いで、関連することを周りに書いていくようにします。ただし、イメージをより広げたり、深めたりするために、春について思いついたことからまた派生して思いついたことを書いても構いません。こうしてイメージマップが描けたら、これをもとに春をテーマにした絵はがきを作成します。

　「せつ明しよう」では、イメージマップそのものについてではなく、作成した絵はがきについて、どうしてそのようになったのかを説明します。

れんしゅう 教材の解説と回答例

　れんしゅう では、夏をテーマにした絵はがきを作成するために、夏のイメージマップをつくります。まず、イメージマップをつくるために、「夏」というトピックを真ん中に書き、夏について思いつくことを、線で繋いで書き出します。何もない状態で、思いつくことを書くのはとても難しいことです。夏に撮った写真を見たり、夏にしたことを話すなどして、思い出しやすいようにサポートしてあげてください。

　イメージマップでは、思いついたことを書くときは、文章でなく単語でも構いません。絵を描くのが好きなら、絵で表現してもよいでしょう。

　このワークでは、夏のイメージを広げる理由として、絵はがきを作成するという目的が設定されています。ワークシートの中の絵はがきの絵を描くスペースが小さければ、別の紙を用意して、夏を表現できるようにしてあげてください。

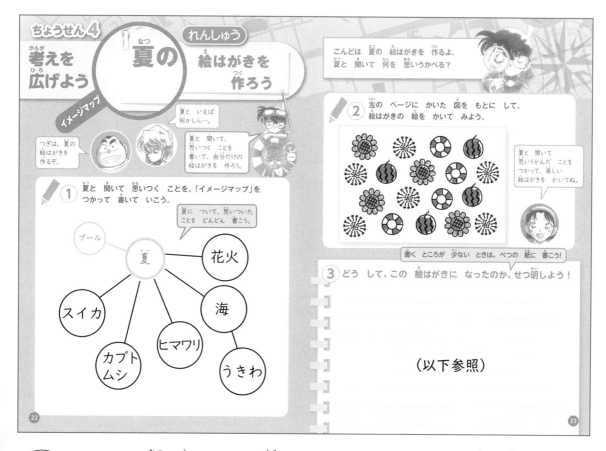

作文例
　わたしの夏の絵はがきは、丸いものをたくさんかきました。夏と聞いて思いついたのは、スイカやひまわり、うきわや花火など、丸いものが多いなと思ったので、絵はがきにも丸いものばかりをあつめてかきました。

ちょうせん5 いろんな 見かたを しよう

教材のねらいと きほん 教材の使い方

あることについて考えなければならないとき、一つの視点だけから対象を見ると、限られた考えしか出てこなかったり、偏った考えになってしまったりします。いろいろな視点から対象を見ることは、バランスのとれた考えをつくり出すために、とても大事です。**3つの視点を意識することをうながすのが、Yチャートです。**

きほん の教材は、運動会(行事)についての作文を書くことがテーマです。行事の作文は、起こったことを説明するだけだと十分とは言えません。起こったことやしたことについて、どのように感じたのか、自分自身の感想を書くことができれば、生き生きとした作文になります。そこで、「うれしかったこと」「たのしかったこと」「つらかったこと」の3つの視点から運動会をふりかえって、気づいたことを書いています。作文を書くときは、Yチャートの上の情報を、全部使う必要はありません。

くわしく説明して、気持ちも伝えることができたね。

れんしゅう 教材の解説と回答例

れんしゅう では、近くの公園について多面的に見ます。実際に公園に行ってみて、気づいたことをYチャートに書いてみましょう。

「何があるか」には、公園で見つけたものを書いていきます。遊具にだけ注意が向けられているときは、草木や生き物などにも目を向けるようにうながしてください。「何をするか」には、公園ですることを書きます。これまでに遊んだ経験を思い出すと、書きやすくなるかもしれません。「どんな気持ちか」には、公園にいるときに感じる気持ちを書き出します。

こうして、3つの視点から書き出したことをもとに、公園についてどう思っているのかをまとめます。

作文例

家の近くに、ちょっと大きな公園があります。カバゆう園といいます。

ついたらいつも、カバさんの頭をなでます。中に入ると、てつぼうが2つ、すべり台とすな場があります。

てつぼうでは、さか上がりのれんしゅうをしています。でもまだできません。

すな場はいつも小さな子がいるけれど、あいていたら、トンネルをつくります。二人でほっていって、手と手がつながったときは、うれしいです。あなをほると、すなのにおいがします。こうえんのまわりには、いつもお花がさいていて、においをかいでみると、よいにおいがします。

みんなであそべるたのしい公園です。みんなにも知ってほしいです。

ちょうせん❻
わけを　つたえよう

28〜31ページ

教材のねらいと きほん 教材の使い方

　クラゲチャートは、意見や主張の理由や根拠を挙げることをうながします。**「理由づける」**という思考スキルと対応します。

　学校では、子どもが意見を表明するとき、教師が「どうして、そう思うの？」と問いかけることで、子どもが理由を挙げることをうながします。小学校低学年では、こうした理由や根拠のことを「わけ」という表現で指導することもあります。

　クラゲチャートは、意見や主張の理由に目を向けさせ、「どうして、そう思うの？」という問いかけを視覚化したものです。クラゲの足が複数あることで、子どもは理由や根拠をできるだけたくさん探そうとします。「わたしはこう思う」「ぼくはこうしたい」という意見や主張を持つ場面は、日常生活においてもたくさんあります。「どうして、そう思うの？」と問いかけてあげることで、理由に目を向けることをうながすことができます。また、保護者も子どもに対して、理由を挙げて考えを伝えるようにすることで、「理由があった方が納得できる」という実感を持つことができるでしょう。

　きほん の教材では、「自分の好きな生き物」について、好きな理由を挙げて説明しています。

　まず、クラゲの頭の部分に自分の意見を書き、次に、クラゲの足に理由を書きます。理由は簡潔に一つずつクラゲの足に書きます。そうすることで、自分の考えを伝えるための文章にするとき、構成しやすくなります。また、理由をたくさん挙げられるときは、クラゲの足を書き足します。文章に表すときは、理由を繋げたり、組み合わせたりするとよいでしょう。また、「見ていると嬉しい気持ちになる」というより主観的な理由が、クラゲの足を書いている

ときに出てくることもあります。

　理由のレベル感を揃えることは低学年の子どもには難しいので、それほどこだわる必要はありませんが、「どうして嬉しい気持ちになるの？」と問いかけることで、具体的な理由を挙げることをうながしてもよいでしょう。

れんしゅう 教材の解説と回答例

れんしゅう では、「自分が大切にしているもの」を紹介するために、どうして大切なのかという理由を挙げて説明します。可能であれば、実際にそれを目の前に置いて考えるとアイデアが出しやすくなります。クラゲの足は、全て埋める必要はありません。理由や根拠は多い方が説得力を持つことがありますが、関連性の低い理由や曖昧な根拠を複数挙げるよりも、人の共感を得やすい強力な理由を一つ挙げた方が説得力を持つこともあります。そういう意味では、理由の数にはそれほどこだわる必要はありません。まずは、理由を挙げられたことを評価してあげてください。

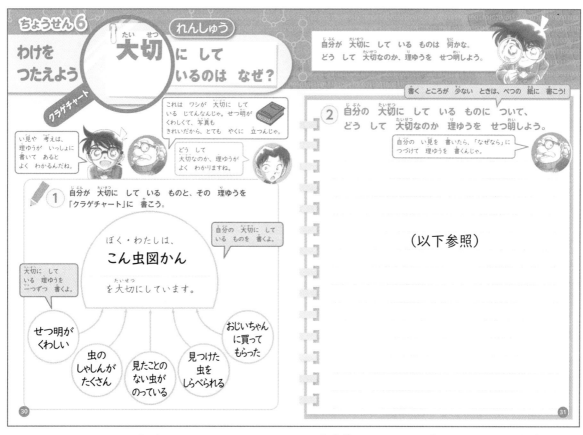

作文例

　わたしが大切にしているものは、こん虫図かんです。理ゆうは、こん虫のせつ明がくわしく書いてあるので、こん虫図かんがあれば、自分が見つけた虫のことをよく知ることができるからです。

　そして、こん虫のしゃしんがたくさんのっていて、見たことのないこん虫ものっているから、見ているだけでも楽しいです。

　わたしのこん虫図かんは、おじいちゃんがたん生日に買ってくれたものなので、大切にしています。

理由がたくさん書けたので、どれだけ大切にしているかが、よくわかる文章になったね。

ちょうせん7
じゅん番に　ならべよう

32ページ

教材のねらい

　学校でどんな行事があるのかを書き出し、「楽しかった順」「体験した順」「がんばった順」のそれぞれに応じた順に並べ替えて、説明します。

　ここでは、特定の順番に並べ替えるということを体験します。できれば、3つのパターンに挑戦してみましょう。並べ替えると、せっかく順番に並べたものが残らないので、写真に撮っておいてあげるなどして、振り返るようにできるとよいでしょう。

　文章に表すときは、並べた順番に沿って、自分の言葉で説明することをうながしましょう。

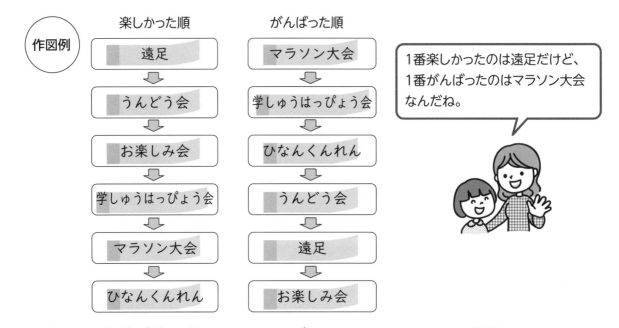

作図例

楽しかった順
遠足 → うんどう会 → お楽しみ会 → 学しゅうはっぴょう会 → マラソン大会 → ひなんくんれん

がんばった順
マラソン大会 → 学しゅうはっぴょう会 → ひなんくんれん → うんどう会 → 遠足 → お楽しみ会

1番楽しかったのは遠足だけど、1番がんばったのはマラソン大会なんだね。

作文例
（がんばった順）

　学校の行じの中で、わたしが1番がんばったのはマラソン大会です。さむくてつらかったけど、さい後まであきらめずにがんばりました。
　2番目にがんばったのは、学しゅうはっぴょう会です。みんなで何どもれんしゅうして、本番もきんちょうしたけど、がんばりました。
　3番目にがんばったのは、ひなんくんれんです。地しんや火じがあったときに大じなことだから、がんばりました。
　4番目にがんばったのは、うんどう会です。みんながおうえんしてくれているので、がんばりました。
　遠足は歩くのを少しがんばったけど、それよりも楽しかったです。お楽しみ会は、とても楽しかったです。

ちょうせん❽
くらべて みよう

34ページ

教材のねらい

「子ども会で何をしてあそぶ」かについて、「だるまさんが転んだ」と「お絵かき」のどちらがよいか考えるために比較します。

　ここでは、ベン図に整理したことをもとに自分の考えをつくる際、「外で遊ぶ場合」「雨が降っている場合」「小さな子どもがいる場合」という３つの場合を設定しています。比較して整理した内容は同じでも、「どちらがよいか」ということは状況によって異なります。どの場合についても、自分の考えを説明するときの理由は、ベン図に書いたことから引いてくるようにうながしましょう。「比較する」という思考スキルが、どのように役に立つのか認識しやすくなります。

作図例

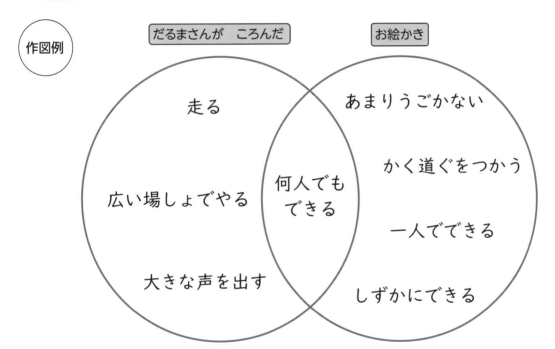

だるまさんが ころんだ 　　 お絵かき

走る

あまりうごかない

広い場しょでやる　　 何人でもできる　　 かく道ぐをつかう

一人でできる

大きな声を出す　　　　　　 しずかにできる

作文例

　もし小さな子といっしょにあそぶなら、わたしはだるまさんがころんだをするのがよいと思いました。なぜなら、お絵かきはしずかなあそびだから、小さな子たちはあきてしまうかもしれないからです。だるまさんがころんだは、走ったり、声を出したりするから、小さな子でもあきずにあそべると思いました。それに、お絵かきは色えんぴつや絵のぐなどの道ぐをつかうから、小さな子たちがうまくつかえないかもしれないと思いました。

> 小さな子の立場になって、考えることができたね。

ちょうせん9
なか間に 分けよう

36ページ

教材のねらい

　似ている点を見つけて、犬を仲間分けします。ア〜クまで8種類の犬の絵が示されています。犬の色やもよう
を視点にしてみると、①白い犬、②色の濃い犬、③ぶちの犬、の3種類に分けられます。このようにわけると、
次のような説明ができます。

作図例

| 白い犬 | 色のこい犬 | ぶちの犬 |

　ア、エ、カ　　　　　イ、オ、ク　　　　　ウ、キ

作文例

　　犬が8ぴきいます。どんな犬でしょう。
　　まず、白い犬のなか間です。ア、エ、カがあてはまります。つぎに、色のこい
犬のなか間があります。イ、オ、クです。白いところと色のついたところがまざっ
ているぶちのなか間が、3つめです。ウとキです。
　　わたしは、ぶちの犬が、とくちょうがはっきりしているので、すきです。

　ほかにも、①耳が立った犬、②耳がねている犬、③耳がたれ下がっている犬、という分け方ができるでしょう。
足の長さ、しっぽの様子、毛の長さ、などいろいろな視点で分けるこもできます。視点を組み合わせて、「白くて、
毛がふさふさした犬」「白くて、短い毛の犬」「色がこくて、ふさふさした犬」「色がこくて、短い毛の犬」「ぶちで、
毛が短い犬」といううように すると、3つよりたくさんのなか間に分けることになります。どのように分けたと
しても、分け方をしっかり説明することと、そこから感想や考えをつくり出すことを大事にしてください。

ちょうせん10 考えを 広げよう

38ページ

教材のねらい

おうちの人に自分のクラスがどんなクラスなのか説明するために、「わたしのクラス」のイメージマップをつくります。

子どもがなかなか書き出せない場合は、下にあるような質問をすることで、自分のクラスについて思い出すことができるようにサポートしてあげてください。

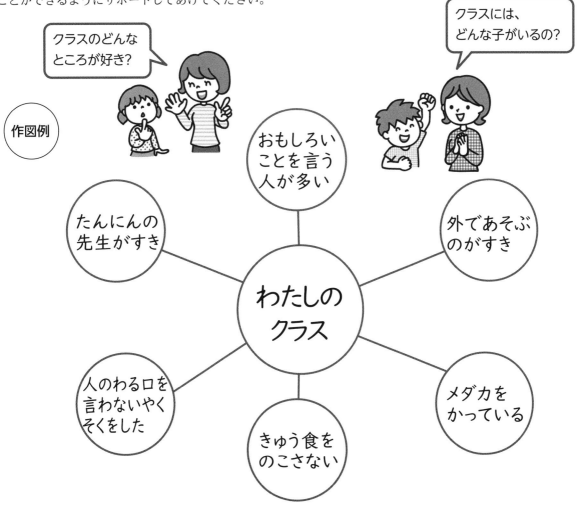

作図例

クラスのどんなところが好き?

クラスには、どんな子がいるの?

- おもしろいことを言う人が多い
- たんにんの先生がすき
- 外であそぶのがすき
- わたしのクラス
- 人のわる口を言わないやくそくをした
- きゅう食をのこさない
- メダカをかっている

作文例

　わたしのクラスは、みんなたんにんの先生のことが大すきです。おもしろいことを言う人が多くて、みんなで人のわる口は言わないやくそくをしたから、明るいクラスです。

　みんな外であそぶのがすきだし、きゅう食ものこさないで食べるから、元気いっぱいのクラスです。

解説と回答例

ちょうせん11 いろんな　見かたを　しよう

40ページ

おうちの方へ

教材のねらい

　自己紹介のしかたを考えてみます。YチャートではなくXチャートをつかって、「とくいなこと」「にが手なこと」「すきなこと」「きらいなこと」の4つの面から自分についてとらえます。多面的に見るときに、Yチャートを使うと3つの面、Xチャートを使うと4つの面、Wチャートを使うと5つの面から、ものごとを見ることになります。

　伝えるときには、「とくいなことは○○で、すきなことは○○です。」というように、書き出したことを言うだけではなく、少し詳しく説明するようにうながしてあげてください。

作図例

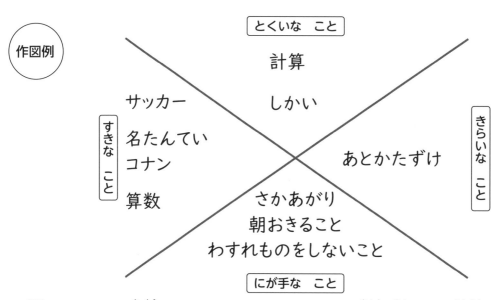

とくいな　こと

計算

しかい

サッカー
名たんてい
コナン
算数

あとかたずけ

すきな　こと

きらいな　こと

さかあがり
朝おきること
わすれものをしないこと

にが手な　こと

作文例

　ぼくの名前は○○○○です。ぼくは、べん強の中では、算数がすきです。そろばんに行っていて、計算がとくいです。サッカーも大すきで、ゴールがきまったときがいちばんうれしいです。

　ねる前に、ゲームをしたりコナンを読んだりして、ついねるのがおそくなって、いつもおこられます。電気をけされることも多いです。だから、朝おきるのがにが手です。ゲームやマンガをかたづけるのをわすれてしまって、いつもおこられます。学校にもよくわすれものをしていくので、やっぱりおこられます。

　何だか、おこられてばかりなので、かたづけることともちもののかくにんをして、早くねることをまもっていきたいと思います。

いろんな面から見て思いついたこと、気づいたことを、少しふくらませたり、組み合わせたりして紹介しよう。そうすることで、自分のいろいろな面を知ってもらうことができるよ。

ちょうせん 12
42ページ

わけを つたえよう

教材のねらい

「おうちの人といっしょにやりたいこと」を主張するために、理由を挙げて説明します。ぜひ、子どもが書いたことをもとに、質問するなどのやり取りをしてみてください。

例えば、「バドミントンも外でできるけど、どうしてサッカーがよいと思ったの？」といった質問をして、「だって、バドミントンだと風が強かったらできない」という答えが返ってくれば、「サッカーは、風が強くてもできるんだね。それも一つの理由だね」と、一緒に理由を探すのもよいでしょう。

また、実際に子どもが提案する機会をつくると、どんなときに理由を挙げて主張するとよいのか、「理由づける」という思考スキルを活用すべき状況の理解につながります。

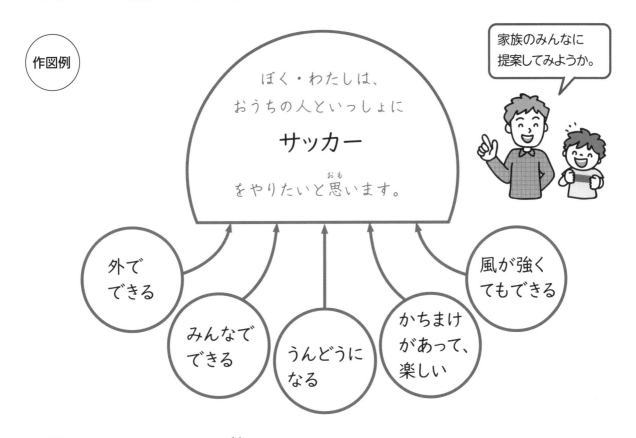

作図例

家族のみんなに提案してみようか。

ぼく・わたしは、
おうちの人といっしょに

サッカー

をやりたいと思います。

外でできる

みんなでできる

うんどうになる

かちまけがあって、楽しい

風が強くてもできる

作文例

わたしは、おうちの人といっしょにサッカーをしたいです。
なぜなら、わたしは外であそぶのが大すきで、サッカーは外でできるからです。そして、家ぞくみんなでできるし、楽しいだけじゃなくてうんどうになるからです。それに、サッカーはかちまけがあって楽しいから、家ぞくみんなでやりたいです。

る名探偵コナンの通信教育

考えることが得意になる！

名探偵コナンゼミ 通信教育「思考の達人ツール」の特長

POINT 1 約10種類のツールを使って 考えるトレーニング！

比較する

分類する

構造化する

理由づける

順序だてる

多面的にみる

関連付ける

小6コースまでに、約10種類のツールを使って、自分の考えを整理し、深めるトレーニングをします。ツールを通してさまざまな視点や方法を知ることで、問題解決の力を養います。

POINT 2 豊富なテーマは 学年ごとにレベルアップ

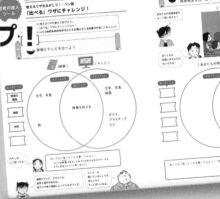

● ベン図（比較）を使ったトレーニングのステップアップ感

小5・6	自分の考えを説明するための準備としての比較 テーマ例）人間とロボット
小3・4	やや複雑な2つを比較 テーマ例）算数と総合学習
小1・2	同じカテゴリーの2つを比較 テーマ例）キャベツとキュウリ

自分の意見を説明できる力

考えを整理する力

低学年では考えを整理するところからはじめて、高学年では自分の意見を説明できるようになることを目指します。

POINT 3 解説映像で毎月サポート！

お子さんにどうアドバイスをしたらわからないというおうちの方でも、安心してお子さんに取り組んでもらうことができます。

コナン君たちと楽しく学ぼう！

無料！ ナゾトキゲーム体験版もプレイできる♪
おためしワークブック公開中！ 今すぐ公式HPへ

学習ドリル

名探偵コナンと伸ばす 考える力！ 低学年

● 監修
黒 上 晴 夫（くろかみはるお）／ 関西大学総合情報学部教授

米国や豪州における授業研究を元に、2012年に『シンキングツール〜考えることを教えたい〜』を無料でWEB公開。
以来、思考スキル・思考ツールの活用研究をリードしてきた。学習指導要領改訂に関わる各種会議委員。主な著書に、
教育技術MOOK『考えるってこういうことか！「思考ツール」の授業』、『こうすれば考える力がつく！中学校思考ツール』
『思考ツールでつくる考える道徳』など。（すべて小社刊）

● 著者
小島亜華里（こじまあかり）／ 関西大学総合情報学部非常勤講師

主に初等教育を対象に、思考を促すための授業づくりについて研究。子どもの思考力を育てるために、スキルと態度の
２つの側面からどのようにアプローチすることができるのか、教育現場と連携しながら研究している。著書に、『シンキ
ングツール〜考えることを教えたい〜』（共著）NPO法人 学習創造フォーラム・刊など多数。

● 画
青 山 剛 昌（あおやまごうしょう）

表紙デザイン：濱口江美（knot）
DTP製作：knot
本文イラスト：速水えり
編集協力：石川　亨
編　　集：和田国明

学習ドリル

名探偵コナンと伸ばす
考える力！ 低学年

2021年10月20日　　初版１刷発行

画　　　　青山　剛昌
監　修　　黒上　晴夫
著　者　　小島亜華里
発行人　　杉本　隆
発行所　　小学館
〒 101-8001
東京都千代田区一ツ橋 2-3-1
電　話　　編集 03-3230-5389
　　　　　販売 03-5281-3555
印刷所　　三晃印刷株式会社
製本所　　株式会社若林製本工場

© 青山剛昌／小学館　　©Haruo Kurokami Akari Kojima／小学館　2021　Printed in Japan　　ISBN978-4-09-253625-8